# CATALOGUE

DE

# 49 TABLEAUX

## ANCIENS

### DES ÉCOLES

## HOLLANDAISE, FLAMANDE & FRANÇAISE

DONT LA VENTE AUX ENCHÈRES PUBLIQUES AURA LIEU

### *Après le Décès de M. E*****

Et par suite d'acceptation bénéficiaire,

## HOTEL DES COMMISSAIRES-PRISEURS

### RUE DROUOT, N° 5

SALLE N° 2

## Le Lundi 9 Décembre 1867

A DEUX HEURES ET DEMIE PRÉCISES

M<sup>e</sup> **DELBERGUE-CORMONT**, Commissaire-Priseur,
rue de Provence, 8,

Assisté de M. **DHIOS**, Expert, rue Le Peletier, 33,

*Chez lesquels se distribue le présent Catalogue.*

### EXPOSITION PUBLIQUE

Le DIMANCHE 8 Décembre 1867, de 1 heure à 5 heures.

### PARIS — 1867

## EXEMPLAIRE DE DHIOS

# CATALOGUE

DE

# 49 TABLEAUX

## ANCIENS

### DES ÉCOLES

## HOLLANDAISE, FLAMANDE & FRANÇAISE

DONT LA VENTE AUX ENCHÈRES PUBLIQUES AURA LIEU

### *Après le Décès de M. E*****

Et par suite d'acceptation bénéficiaire,

## HOTEL DES COMMISSAIRES-PRISEURS

### RUE DROUOT, N° 5

SALLE N° 2

## Le Lundi 9 Décembre 1867

A DEUX HEURES ET DEMIE PRÉCISES

Mᵉ **DELBERGUE-CORMONT**, Commissaire-Priseur,
rue de Provence, 8,

Assisté de M. **DHIOS**, Expert, rue Le Peletier, 33,

*Chez lesquels se distribue le présent Catalogue.*

### EXPOSITION PUBLIQUE

Le DIMANCHE 8 Décembre 1867, de 1 heure à 5 heures.

PARIS — 1867

# CONDITIONS DE LA VENTE

Elle sera faite au comptant.

Les Acquéreurs paieront CINQ POUR CENT en sus du prix d'adjudication.

# DÉSIGNATION

### DES

# TABLEAUX

## BERRÉ

1 — Paysage et Animaux.

Troupeau de vaches au milieu d'une prairie; à droite, une jeune fille avec un chien traversent une rivière.

Toile. Signé, 1821. — H. 0,22 c. L. 0,30 c.

## BERRÉ

2 — Paysage.

Vaches et moutons dans un pâturage.

Bois. Signé, 1823. — H. 0,24 c. L. 0,34 c.

## BERGHEM (Nicolas)

3 — Paysage entrecoupé de rochers et d'arbres.

Halte de chasse au faucon. Un cavalier est descendu de cheval, une dame reste montée sur le sien, l'oiseau sur le poing; des chiens les accompagnent. Tout près un homme est appuyé contre un arbre. A droite, un autre conduit une vache.

Bois. Signé. — H. 0,58 c. L. 0,75 c.

## BRAKENBURG (Reinier)

\ 4 — Kermesse avec nombreuses figures.

Bois. Signé. — H. 0,30 c. L. 0,38 c.

## BRASCASSAT

5 — Entrée du Port de La Rochelle.

Toile. Signé. — H. 0,23 c. L. 0,31 c.

## BRAUWER (Attribué à Adrien)

6 — Intérieur d'une Tabagie.

Trois buveurs sont assis autour d'un tonneau, boivent et fument; un quatrième est appuyé contre le mur.

Bois. — H. 0,30 c. L. 0,24 c.

## BREEMBERGH

7 — Vue de la campagne de Rome.

A droite, des ruines; à gauche, un paysage des plus pittoresques; sur le devant, des débris de bas-reliefs et de statues; au milieu, une fontaine surmontée d'un lion couché qui fait jaillir l'eau par sa gueule. Quelques femmes puisent de l'eau, d'autres lavent du linge; plus près, une scène animée entre trois femmes.

Bois. Signé. 1632. — H. 0,45 c. L. 0,68 c.

## BREEMBERGH

8 — Paysage.

A gauche, un rocher au pied duquel coule un torrent alimenté par une chute d'eau. On voit un château en ruines à droite sur une route ; plusieurs villageois se dirigent vers une ville qu'on aperçoit dans le lointain.

Bois. — H. 0,35 c. L. 0,48 c.

## BREUGHEL (JEAN), dit DE VELOURS

9 — Paysage.

Sur le premier plan un chariot attelé de trois chevaux et conduit par un homme précédé d'un cavalier ; à droite, un moulin à vent ; derrière, un second chariot et plusieurs villageois ; dans le lointain on aperçoit une grande ville.

Cuivre. — H. 0,15 c. L. 0,24 c.

## CORRÈGE (École de ANTONIO ALEGRI, dit le)

10 — La Madeleine en prière.

Dans un lieu sauvage, la Madeleine nue à mi-corps, les cheveux flottants sur les épaules, les reins entourés d'une étoffe rouge, est à genoux devant une croix de bois plantée sur un tertre, ses yeux en extase sont levés au ciel ; à ses côtés sont une tête de mort et une boîte aux parfums.

Bois. — H. 0,46 c. L. 0,32 c.

## DEMARNE (J.-L.)

11 — Paysage.

A droite, ruines d'un vieux château ; vers le milieu, chute d'eau et ruisseau traversé à gué par des
hommes et des bestiaux.

Bois. — H. 0,34 c. L. 0,47 c.

## DEMARNE

12 — Paysages au bord de la mer.

Des pêcheurs offrent le produit de leur pêche à
des paysans conduisant des bestiaux.

Toile. — H. 0,25 c. L. 0,38 c.

## DOLCI (Carlo)

13 — Tête de la Vierge.

Cuivre. Ovale. — H. 0,28 c. L. 0,20 c.

## DOUW (École de Gérard)

14 — Une vieille Femme occupée à lire.

Bois. — H. 0,25 c. L. 0,19. c.

## DOUW (École de Gérard)

15 — Un Ermite lisant.

Bois. — H. 0,25 c. L. 0,19 c.

## GARNERAY. (Médaille d'or, 1819).

16 — Vue de l'entrée du port de Dunkerque.

Par un temps d'orage un navire et une chaloupe gagnent le port; des spectateurs sont sur la jetée battue par les vagues; plus loin la ville de Dunkerque.

Toile. Signé. — H. 0,50 c. L. 0,66 c.

## GREUZE (Genre de)

17 — Une jeune personne assise devant une table, tenant un livre sur ses genoux, observe deux pigeons qui se becquètent.

Toile. — H. 0,40 c. L. 0,32 c.

## GREVEDON

18 — Intérieur d'un ermitage.

Une jeune Villageoise est assise sur les genoux d'un ermite qui lui fait de sévères remontrances au sujet d'une lettre qu'elle vient de lui communiquer. Elle semble l'écouter avec naïveté. A gauche, une table couverte d'un tapis sur laquelle est posée une bible. A terre, un chien et un panier d'œufs.

Toile. Signé. — H. 0,46 c. L. 0,38 c.

## HEYDEN (École de Jean Van der)

19 — Vue d'un Village.

A gauche, des maisons; à droite, une église; sur le chemin, un homme à cheval parle à un villageois qui conduit un âne; plus loin une femme conduisant un enfant par la main.

Toile. Signé. — H. 0,31 c. L. 0,44 c.

### HEYDEN (École de Jean Van der)

**20 — Paysage.**

Chemin traversant un paysage accidenté, avec cabanes des deux côtés; sur le premier plan, attelage d'animaux et figures de paysans.

Bois. Signé. — H. 0,24 c. L. 0,31 c.

### HEYL (Daniel Van

**21 — Effet de lumière.**

Une jeune femme tenant une chandelle allumée de la main droite, et s'appuyant de la gauche sur une rampe.

Toile. Signé. — H. 0,31 c. L. 0,23 c.

### HUE

**22 — Marine.**

Effet de soleil levant. A droite, sur un rocher, est une grosse tour et d'autres bâtiments fortifiés; sur le devant, des pêcheurs avec leur barque; à gauche, le rivage s'étend dans le lointain.

Toile. Signé. — H. 0,54 c. L. 0,65 c.

### HUYSUM (Van

**23 — Vase rempli de Fleurs.**

Un vase orné de bas-reliefs et rempli de toutes sortes de fleurs est posé sur un piédestal de marbre; au pied du vase est un nid d'oiseau avec les œufs et des insectes.

Toile. Signé. — H. 0,87 c. L. 0,65 c.

## LUCATELLI (ANDREA)

**24 — Paysage.**

A travers des arbres on voit un dôme surmonté d'une coupole et d'autres édifices; sur le devant, un étang. Des pêcheurs partagent le produit de leur pêche, et des femmes lavent du linge.

Toile. — H. 0,49 c. L. 0,64 c.

## MEEL (JEAN)

**25 — Halte de chasse.**

Des cavaliers et leur suite sont arrêtés devant une auberge pour se désaltérer. Ils sont accompagnés d'une nombreuse meute de chiens; à gauche s'étend un paysage.

Cuivre. — H. 0,38 c. L. 0,49 c.

## MIGNON (ABRAHAM)

**26 — Fleurs et Fruits.**

Bois. Signé, 1665. — H. 0,41 c. L. 0,53 c.

## MOLNAER

**27 —** Devant la chaumière d'un village, deux chanteurs ambulants vendent des chansons aux habitants qui les entourent.

Bois. — H. 0,43 c. L. 0,38 c.

## MOUCHERON (Frédéric)

28 — **Paysage montueux.**

Sur le devant, des touffes d'arbres ; à gauche, deux hommes au bord d'une rivière pêchent à la ligne ; à droite, un voyageur se repose sur le bord d'un chemin.

Bois. Signé. — H. 0,28 c. L. 0,35 c.

## MOUCHERON (Frédéric)

29 — **Paysage traversé par une rivière.**

Des deux côtés, des collines et touffes d'arbres ; sur le devant, des paysans et animaux.

Toile. — H. 0,45 c. L. 0,63 c.

## NEER (Arnould Van der)

30 — **Clair de lune.**

Paysage traversé d'une rivière chargée de barques ; à gauche, des maisons cachées en partie par des arbres ; à droite, un village avec clocher.

Bois. Signé. — H. 0,35 c. L. 0,50 c.

## PYNAKER (Adam)

31 — **Paysage sur les bords de la mer.**

Des Villageois conduisant des bestiaux ; sur le devant, des vaches ; au loin, la mer est bordée par un rivage très-élevé.

Bois. — H. 0,42 c. L. 0,53 c.

## STAVEREN (Van)

32 — Un Philosophe dans sa bibliothèque.

Il est habillé en noir et se tient debout derrière une table de marbre, sur laquelle est appuyée sa main gauche ; dans sa main droite, il tient une plante ; sur la table, on voit une tête de mort, un livre et un flambeau.

Bois. — H. 0,27 c. L. 0.19 c.

## SWANEVELT (dit Hermann d'Italie)

33 — Paysage d'Italie.

Sur un chemin conduisant à un site élevé, deux hommes et une femme montée sur un âne sont en conversation.

Cuivre. — H. 0,36 c. L. 0,46 c.

## SWEBACH

34 — Scène de Saltimbanques, près d'un village.

Un pierrot et deux arlequins font la parade sur une estrade entourée de nombreux paysans. Un bourgeois sur un cheval blanc et une villageoise sur une mule s'arrêtent pour regarder. Au loin s'étend un charmant paysage.

Toile. Signé en 1823. — H. 0,40 c. L. 0,63 c.

## SWEBACH.

35 — Chasse au cerf.

Sur le devant du paysage, deux chasseurs et une dame à cheval ; d'autres chasseurs avec une nombreuse meute de chiens suivent le cerf vers des collines boisées.

Toile. Signé. — H. 0,24 c. L. 0,32 c.

## TENIERS (David)

**36** — Un Philosophe lisant dans son cabinet.

Habillé d'une robe et bonnet fourrés, il est assis devant une table couverte d'un tapis, sur laquelle sont placés des livres, un sablier, une tête de mort et un globe.

Bois. Signé. — H. 0,49 c. L. 0,40 c.

## TENIERS (David)

**37** — Village sur les bords de la mer.

Trois villageois s'entretiennent au bord du rivage près d'un homme monté sur une barque.

Bois. Signé. — H. 0,12 c. L. 0,20 c.

## TENIERS (David)

**38** — Les deux Chaumières.

A droite, deux chaumières ; à gauche, des arbres et ravins; au centre, un chemin où causent deux villageois.

(Pendant du précédent.)

Bois. Signé. — H. 12 c. L. 20 c.

## TERBURG (École de)

**39** — Trompette apportant une dépêche à un officier assis à une table.

Bois. Signé TR. — H. 0,47 c. L. 0,38 c.

## VERNET (CLAUDE-JOSEPH)

40 — Marine; scène d'orage sur les bords de la mer.

Une barque vient se heurter contre les écueils;
plus loin on voit des vaisseaux dans le même
danger; un homme sur un rocher lance des cor-
dages à ceux qui sont dans la barque, et une femme
se lamente, les bras étendus vers le ciel.

Toile. Signé. — H. 32 c. L. 41 c.

## VILLENEUVE (J.-L.-F.)

41 — Paysage.

Vue des environs de Lyon. (Exposition de 1824.)
A droite, partie d'un village; à gauche, cours d'eau
et collines boisées; au milieu, sur un chemin, un
villageois conduit une charrette attelée d'un
cheval.

Toile. Signé. — H. 0,32 c. L. 0.40 c.

## VILLENEUVE

42 — Paysage.

Vue de Schwinghen. (Exposition de 1824.) Au
fond, hautes montagnes; à gauche, restes d'un an-
cien château; un pont y conduisant se voit au
milieu.

Toile. Signé. — H. 0,32 c. L. 0,40 c.

## WERF (ADRIEN VAN DER)

**43 — La Bonne Aventure.**

Une Dame, habillée en satin blanc, le sein décou-
vert, est assise négligemment sur un banc de gazon
couvert d'un riche tapis; près d'elle sont des fleurs,
une mandoline et des cahiers de musique. Elle
semble prêter attention à une vieille femme se
tenant debout et lui disant la bonne aventure.

Bois. Signé. — H. 0,38 c. L. 0,29 c.

## WOUVERMANS (PIERRE)

**44 — Chasse au faucon.**

Parc près d'un château; sur le devant, on voit
deux cavaliers et une dame à cheval, l'oiseau sur le
poing.

Bois. Signé. — H. 0,31 c. L. 0,35 c.

## WYNANTS (JEAN)

**45 — Paysage.**

Taillis et troncs d'arbres sur le devant Chemin
conduisant à un village lointain. Paysans à cheval
et à pied suivis de deux chiens.

Toile. Signé 1679. — H. 0,35 c. L. 0,39 c.

## ÉCOLE BYZANTINE

**46 — La Vierge et l'Enfant Jésus. (Fond d'or.)**

Bois. — H. 0,22 c. L. 0,16 c.

## ÉCOLE FRANÇAISE

47 — Nymphe nue dormant sur le gazon, près d'une grotte ombragée d'arbres ; à ses pieds, une corbeille de fleurs ; un satyre s'approche d'elle avec convoitise.

Toile. — H. 0,16 c. L. 0,21 c.

## ÉCOLE HOLLANDAISE

48 — Paysage.

A droite, partie d'une forêt ; à gauche, rivière traversant la contrée ; sur le devant, un pâtre avec son troupeau et une femme qui file.

Bois. — H. 0,27 c. L. 0,36 c.

## ÉCOLE D'ITALIE

49 — Paysage.

A droite, un rocher avec des ruines, touffes d'arbres et chute d'eau ; au-dessous, sur un chemin, deux hommes à dos de mulet et un autre mulet chargé ; à gauche, lit de rivière surmonté de rochers et de broussailles.

Toile. — H. 0,50 c. L. 0,75 c.

RENOU et MAULDE, imprimeurs de la Compagnie des Commissaires-Priseurs, rue de Rivoli, 144.      9485